心經，
是從生活中實踐佛法，
不被混沌無章的外在世界影響，
找回自在樂觀自我的途徑。

資料夾文化

【目・錄】

Track 001

作者序／在不安中得到平寧，在煩惱中得到菩提

要說最初對佛理有所涉獵，應該是高三快畢業時，那時候的我面對大考，不知為何而戰，不知為誰而戰，對於生活的目的、生命的意義，開始有我的一番探索，以現在眼光來看，這樣的探索類似強說愁的情懷，不過，卻讓我有機會接觸佛理，沉浸在禪宗的棒喝公案與呵佛罵祖中。

考上中文系後，因為必修課的關係，對儒道佛三家義理有更多的接觸，相較於儒道，我更傾心於佛家的教義，不過，也許是受到禪宗公案的影響，讓我覺得不須拘泥於形式，也不須藉助經典，因此，我自許為佛陀叛逆的學生，認為儘管自己不太受教，不好好念經，但只要用我自己的方式好好用功，有朝一日，一定能像禪宗公案裡的法師，在棒喝之間徹悟，回歸佛陀的懷抱。

不過，在上大三思想史課程時，有件事情開始讓我有了不一樣的省思。當時思想史老師在課餘分享他接觸佛法的經驗，說是年輕時對佛理非常著迷，曾很大膽地求見順印老和尚，當時順印老和尚已經是佛教精神領袖了，輩分非常高，但還是接見了他，一番交談之後，老和尚表達想要收老師為弟子的意願，但老師思考了兩三天，後來還是拒絕了，因為他覺得，自己沒有那個能力也沒有那個決心，能夠成為順印老和尚的弟子。當時老師這番自陳，深深震撼了我，因為我認為這是潛心向佛一個千載難逢的好機會，但老師居然拒絕了，而老師的能力與智慧都數倍於我，連他都做不到了，我憑什麼？

帶著這樣的疑惑，畢業後我投入補教老師的工作，要說緣起，只是大一時打工硬著頭皮應徵作文老師，但意外發現自己很適合老師的工作，因為我不僅好為人師、樂於分享，重點是，我會為了學生刻下苦功，而學生的回饋又常激發我無比的熱忱。當然，時間的自由、沒有一板一眼的作息，都與我不守常規的個性相合，於是，這一投入，就將近快三十年，且不說我如何竭盡心力，但確實讓我在補教業和媒體界都小有名氣。這中間，我並沒有少接觸佛理，只是不太有系統，也不太有次第，就像是憑著喜好隨便亂跳章節念書的學生，我總覺得機緣一到，就會乖乖循規蹈矩念書，只是偶爾也難免著急，什麼時候機緣成熟？

不能不說，當出版社提出這本書的企劃時，讓我覺得，或許就是這個契機。

其實打從一開始我就陷入長考，覺得自己何德何能出此書？比我修為更精進的師兄大德都還沒出書，憑什麼輪到我？心裡抱著婉拒的打算，並揣想佛陀是怎麼看我的不成材時，突然靈光一閃：上課時，無論學生資質好壞，我總是不厭其煩鼓勵他們把知道的講出來，就算辭不達意，只要意思到了，我也都會心生歡喜，鼓掌肯定他們的用心；那佛陀看到我這個學生這麼不自量力，是會阻止我，還是鼓勵我？思之再三，總覺得佛陀老師會微笑點頭，鼓勵我用我的方式讓更多人親近佛法。

就是這個初衷，讓我接下了企劃，當然，隨之而來的是做不完的功課，不諱言一句，心經那反覆出現的文字著實困惑我好一陣子，但仔細深入後，就可以體會，佛陀那看似繞口令的講解裡，實無一字無意義，也就是說，諸般道理所訴諸的文字，都是有層次、有邏輯的，而且處處是佛陀的循循善誘，當我看懂這個心念之後，對於心經的道理，有了暮鼓晨鐘般長足的領悟。

在不斷揣摩心經義理的同時，我意外發現，自己在課堂上對學生的諄諄教誨，竟與佛菩薩的慈悲說法有著異曲同工之妙，於是我明白，自己的領會也許不夠精湛，但有一點一定是我還優於其他人的地方，那就是說故事的能力，如果能以這點讓更多的人接觸佛法，何嘗不是功德一件？也正是由於教書經驗的啟發，讓我明白，真正的佛法不是出世的，而是入世的，它固然能使人究竟圓滿，但也同樣能應世解決疑難，因此，我不把佛陀當作高高在上莊嚴無限的神明，反而把祂當作和藹可親、無比慈愛的老師，因為就是佛陀對眾生有無比的摯愛，才會傳下心經這至高無上的心法，不是嗎？

而後總編跟我討論書名，腦海突然浮現一段回憶，那是年輕時，閱讀六祖慧能與神秀禪宗公案後的一番揣想：如果我即將大去，該留下怎樣的佛偈？就在那個瞬間，我浮現了「淨境盡竟」四個字，只是當時並沒有定下次序，因為我覺得隨著人生領會的不同，一定有不同的排列，於是我將這四個字提供總編作書名參考，她一看就喜歡，而我也因而訂了這樣的次序，希望以清淨的心境觀照內心，窮盡智慧，來成就這份究竟圓滿。

現在的世間，充滿了亂象與矛盾，明明我們都知道該怎麼做，可是卻有許多不安定的因素來憂擾，如果我們能有足夠的智慧，不把亂象當亂象、不把矛盾當矛盾，何愁不能藉由心經的道理，來解決生活中的諸般疑惑？因此，我完成了這本書，希望透過個人小小的詮釋，讓人們體悟心經裡甚深微妙的道理，在不安中得到平寧，在煩惱中得到菩提。

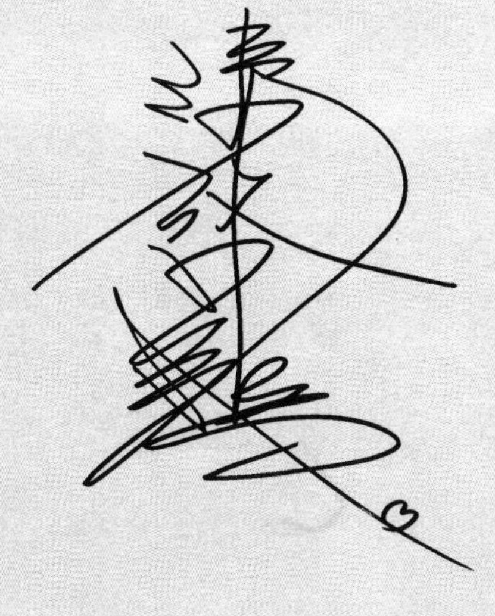

心經的由來與心經原文

讀經、聽經、抄經，深入淺出解析佛理，
旅行四方領悟十方，最後重新回歸內在平靜，
在心中尋回自我，發掘生命價值，
原來我們一直夢想的天堂世界，
淨境盡竟在人間。

Track 002

《心經》的由來

《般若波羅蜜多心經》簡稱《般若心經》或《心經》，裡頭字數雖寥寥數百字而已，卻能盡得佛陀開悟要義，因此成為所有佛經中流傳最廣的一部。

這本《心經》說法的場景是靈鷲山，當時佛陀與眾弟子都在山上，正好遇到修行有成的觀世音菩薩前來，佛陀大弟子舍利弗對觀世音菩薩的修行法門很是好奇，於是藉由對舍利弗的解說，向旁聽的眾弟子開示。令大家好奇的是，這說法的主角到底是誰呢？有人說是舍利弗向觀世音菩薩提問，是觀世音菩薩解說自己所修行的法門；也有人說是舍利弗不明白觀世音菩薩修行的法門，因此佛陀為舍利弗解說。針對這個問題，許多人從經典中尋找答案，信誓旦旦堅持自己的主張，不過我要很遺憾地說明一點，這個問題其實很難從經典中得到答案，因為佛陀所說的道理都是事後才由弟子追述成佛經，既然是事後追述，那就跟記述孔子言論的《論語》一般，細微的時空背景及說法主角，難免會有出入，那就像很多人都以為「食色性也」是孔子所說，其實是告子所說的一樣；更何況，還有一種可能性，是兩者都並存的，那就是說法的場景很可能不只一次，最初舍利弗提問的時候，佛陀解說過一遍，後來其他弟子也想再聽聽看，佛陀請當事人觀世音菩薩自已現身說法再說一次，倘若真是如此，那兩種版本佛經的紀錄當然都正確。

而我在本書中是以佛陀為說法主角，理由有兩點：一來，無論是佛陀開示或觀世音菩薩現身說法，都代表著這樣的說法是得到佛陀認可的，既然是佛陀所認可，就代表《心經》確實是佛陀的開悟之鑰；二來，《心經》裡頭有兩次呼喚舍利弗名字的話語，一個外來的資優生觀世音菩薩來到佛陀班上，無論是否認識佛陀的學生，在面對提問時，應該都是客觀具體地把自己的所知所學分享出來，而非帶有呼喊名字的切切叮嚀。因此，真正的好道理也許會經由不同人、不同場景、不厭其煩被提起，但這個呼喊名字的動作，卻一定是老師對學生的慈愛與關切無誤。

現在大家所念的《心經》版本，是由唐朝的玄奘法師所翻譯，據說玄奘法師在閱讀佛經時，對一些話語產生疑惑，認為應該要閱讀原典，才能真正解答疑惑，這才會特地啟程到西方取經，回來致力於翻譯佛經。在《慈恩傳》裡頭，還記載了關於心經流傳的有趣故事，說是玄奘有一次到四川掛單，寺中有個老和尚，身上長滿爛瘡，但卻無人打理，玄奘心生悲憫，親力親為侍奉他，不久，老和尚痊癒，對玄奘說：「你的恩惠我無以為報，不過有一位胡僧曾傳給我一部心經，很是靈驗，我這就背出來傳給你吧！」玄奘法師便把它背起來，據說取經過程中遇到許多的艱難，都是靠著念心經化解，後來取經回來之後，他也把這部心經一起翻譯出來。

這位老和尚是誰我們不得而知，但肯定的是，他所傳授的《心經》非常精要，也正因為精要，所以會有不同斷句、不同翻譯、不同解說，而我在作功課時，也經常對各家不同主張但說法卻同樣精要的注疏佩服得五體投地，但也因為各自言之成理，想要集其大成是非常困難的一件事情，更何況，還要兼顧毫無佛學基礎的一般人的理解，因此，我在解說這本《心經》之時，採取的是「方便法」，也就是盡量貼近現代人能理解的語言及概念，來作《心經》解讀的引導，看在行家的眼中也許不值一哂，但如果有人能因此產生興趣，去接觸更多不同的說法，那不也是功德一件？

因此，請各位可以好整以暇來接觸我所詮釋的《心經》，但要記得的是，「言不盡意」，只要能得其要意，什麼樣的解說都無妨你的心領神會，也期待各位能以此為契機，盡得如來真實義，然後向著智慧的彼岸，瀟灑邁步。

般若波羅蜜多心經【原文】

Track 003

觀自在菩薩。
行深般若波羅蜜多時。
照見五蘊皆空。
度一切苦厄。

舍利子。
色不異空。
空不異色。
色即是空。
空即是色。

受想行識。
亦復如是。

舍利子。
是諸法空相。

不生不滅。
不垢不淨。
不增不減。

是故空中無色。
無受想行識。
無眼耳鼻舌身意。
無色聲香味觸法。
無眼界。
乃至無意識界。

無無明。
亦無無明盡。

乃至無老死。
亦無老死盡。

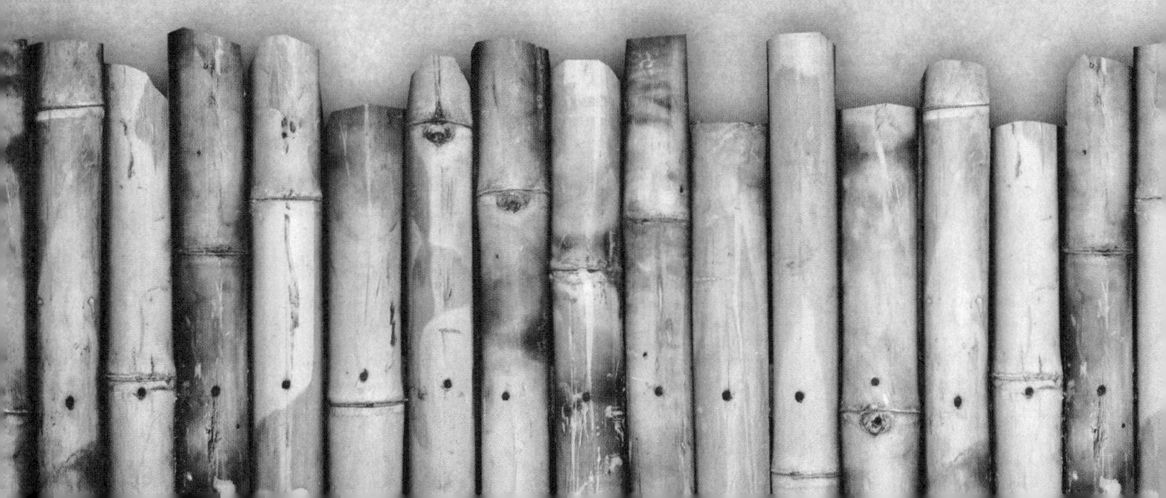

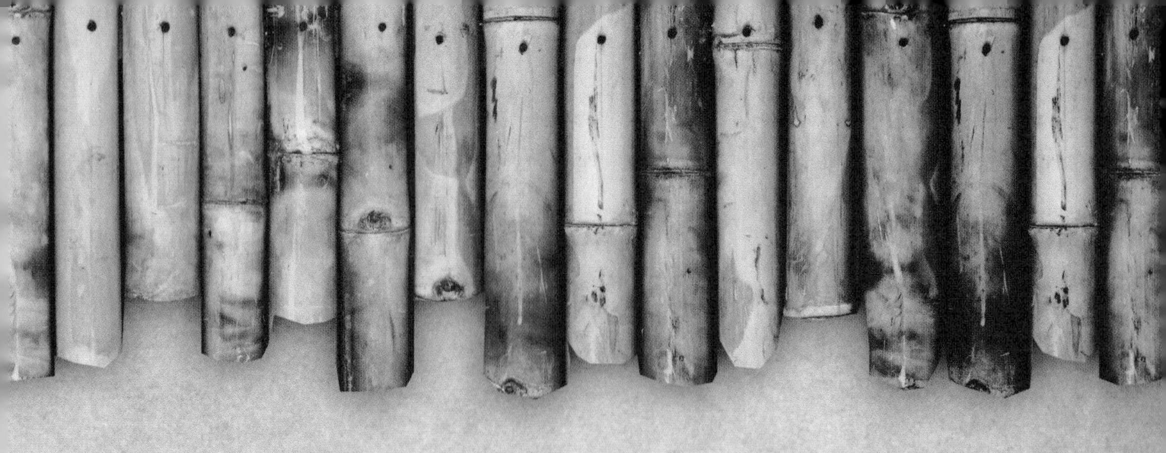

無苦集滅道。
無智亦無得。
以無所得故。
菩提薩埵。
依般若波羅蜜多故。
心無罣礙。
無罣礙故。
無有恐怖。
遠離顛倒夢想。
究竟涅槃。
三世諸佛。
依般若波羅蜜多故。
得阿耨多羅三藐三菩提。

故知般若波羅蜜多。
是大神咒。
是大明咒。
是無上咒。
是無等等咒。
能除一切苦。
真實不虛。
故說般若波羅蜜多咒。
即說咒曰。
揭諦揭諦。
波羅揭諦。
波羅僧揭諦。
菩提薩婆訶。

註：此篇為專業配音員朗讀

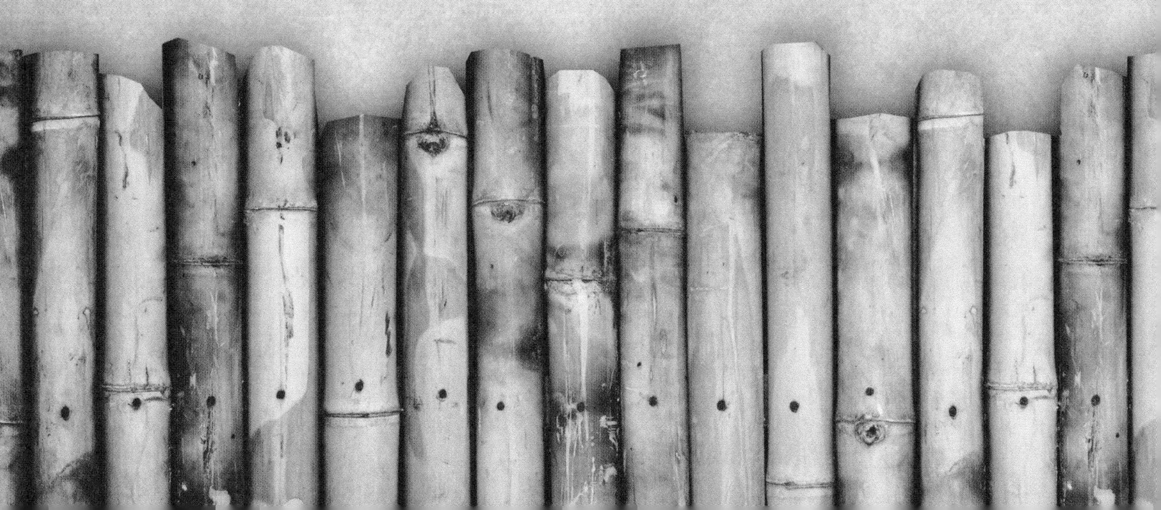

心經逐句解析
與人間淨思

讀經讀進心，不只是唸經，
將佛理化繁為簡，應用於處事生活當中。

這個世界太混亂，讓我們染上恐懼、焦慮、憤怒、寂寞的顏色。透過讀經，淺顯易懂地去親近佛法、貫通佛理，為無所適從的自己，打開一道平靜自在的大門。

Track 004

◇文本：【觀自在菩薩。】

◇中譯：觀察內在，自見菩薩。

◇解析：

人們一直在追求永恆，但什麼才是永恆？再堅硬的石頭會腐朽，再經典的價值觀會改變，蓋棺論定的歷史還會有全然不同的詮釋，這代表物質與非物質都很難永恆不滅。然而，這世間卻有一種東西真的不滅，看不到、摸不著，不假外求，就在人的體內，那就是人們所謂的靈魂，佛家指稱的佛性。

人的體內真的有所謂的佛性嗎？很多人抱著懷疑的態度，因為無法被驗證，很難證明真的存在，我們姑且不論眾人體驗或儀器偵測，換個角度來看，世間萬物基本上都被本能所驅使，吃飽喝足就滿足，只有人會努力勤練苦修，來提昇自己，於是我們要問：人類為什麼如此獨特，會勉強提昇自己呢？這代表人的體內，一定有種和萬物不同的元素，否則我們無從解釋，人們苦修的理由。

在肯定這個前提之後，「觀」才會有意義。

這個觀，並非真的看，而是一種觀照、內省的功夫，但為什麼要用「觀」這個字呢？原因是沒有哪個器官，比眼睛能接收更多的訊息，但這裡的「觀」並非用肉眼看，而是用心眼觀，照見深藏在體內的自性。

我們總以為透過眼睛才能看，透過鼻子才能聞，可是科學家做了很多實驗，告訴實情並非如此，有些無法想像的機制，會迫使我們開發新的能力，像是美國加利福尼亞州有個人叫作班・安德伍德，兩歲時因視網膜母細胞瘤不得不摘除兩顆眼球，但從此生活在黑暗裡的他，從來不覺得自己是盲人。

有一次，一個玩伴欺負他，打了他一下就遁逃，但無論這個玩伴怎麼跑，班・

安德伍德都能鎖定位置追上來，這讓旁觀的人非常訝異！事後，班・安德伍德是這麼說的：「我雖看不到，卻聽得到，我能聽見各種障礙物的位置，玩追逐遊戲是我的拿手好戲。」這話讓科學家好奇了，障礙物怎麼聽呢？進一步研究發現，原來班・安德伍德擁有和蝙蝠一樣的回聲定位能力，這種能力原本是人類所無，可是眼盲的班・安德伍德竟意外地因為缺陷開發出這樣的能力，無論他是先天擁有或後天開發，可以肯定的是，班・安德伍德因此擁有了「看」的能力。

我們常聽到有人靈魂出竅時，都說自己浮在空中，看到自己躺在床上，奇怪的是，靈魂明明脫離了身體，但他們卻可以「看見」？這代表一定有種機制可以脫離眼睛的限制，才有辦法以心眼取代肉眼，事實上，光是仔細觀察這個身體，就可以察覺肌肉維持平衡的協調動作，以及血液流經體表時的散熱作用；如果我們再更用心觀照，便可以看進更深層的內在，一個可以脫離形體而永恆不滅的存在，那就是我們可以明心見性的靈魂或佛性。

一定有人覺得疑惑，光是用心觀照，真的可以察覺軀殼內有什麼嗎？舉個最簡單的例子，每回睜開眼睛，便可看到東西，然而你可知道，視覺每五秒就被遮蔽一次？沒錯，就是眨眼的動作，這證明人類太習慣事物呈現的表象，會因此失去細微觀察的能力，然而，內省觀照的意義不只如此，有個小故事，很可以體現裡頭的內涵。

有個人到寺廟參拜觀世音菩薩，幾個叩首之後，發現身邊有人一起參拜，模樣還很眼熟，他不由得多看了兩眼，赫然發現這個人長相跟觀世音菩薩一樣，於是他好奇的問：「請問您是觀世音菩薩嗎？」那個人回答：「是。」他接著問：「您為什麼要參拜自己？」觀世音菩薩回答：「求人不如求己。」

這個故事體現了兩點，一是真正能幫你超生了死的菩薩，不在參拜的寺廟塑像上，而是在於人活著的軀殼之中；二是自性現成，不假外求，只要好好觀照，便能察覺體內深藏的佛性，觀世音菩薩回答的「求人不如求己」，聽起來莞爾，其實講的正是不假外求的精進功夫。很多人喜歡到處參拜、供養財物，希望死後榮登西方極樂世界，但卻不明白，做這些動作全都是為了斷絕外物紛擾，像是參拜的功夫，是為了時時提醒自己向道的初心；供養的動作，則是為了斷絕名利引發的煩惱貪心，人們在不明白這些真義之下，以為做足這些就是莫大的功德，其實是緣木求魚。

因此，心經裡一開始的「觀自在菩薩」，有人認為是指觀世音菩薩，是佛陀要向弟子解釋菩薩所修的法門；也有人認為這是佛陀開示，要人們觀察內在，自見菩薩，但其實兩者似二實一，因為觀世音菩薩所修的法門，就是要人們透過時時觀照內在，來體察自性。

因此，如果你體悟了「觀」的真諦，不妨沉靜下來，立定決心，觀想內在，破除心隨境轉的執迷，從而以澄朗的心念，體察那原本就清淨的自性。

◇人間淨思：

觀照內心，是為了發現自己的盲點或缺陷；

而此舉亦如明鏡，可讓他人成見原形畢露。

我們處理事情時，常面對重蹈覆轍的狀態，是即使已經叮嚀自己要記取教訓，仍不能具體防範於未然，為什麼？那是因為你看到的是表象，採取的也只是膚淺的應對，並非真正發現自己的盲點或缺陷。

更深一層把觀照用在人我關係上，有時雙方的爭執與決裂，也許只是膠著於態度？要是你能透過觀照，發現對方的劍拔弩張只是隨著自己的尖酸刻薄而起舞，那當然能夠修正態度，將決裂消弭於無形；要是對方仍堅持己見，你也能透過觀照，輕易看出對方的無理取鬧，於是諍言直指成見，或以懇切的態度來軟化。如此看來，使用這觀照的功夫，是否能讓人我都變得更好呢？

Track 005

◇文本：【行深般若波羅蜜多時。】

◇中譯：**深入地修行心經之時。**

◇解析：

般若波羅蜜多，意謂到彼岸的智慧，因此「觀」之後「行」，無非就要把觀照出來的道理，踐行並落實在生活中，但為什麼非「行」不可？一般人都會浮現古人的「知行合一」，不過我要拋下這種教條式說法，告訴大家「行」更深層的理由：

「行」是為了可預期的未來

現代的鐵人三項運動，是由游泳、自行車、短程馬拉松三個項目所組成，參加者必須按順序一氣呵成完成所有比賽，單一長項只能確保某些優勢，但卻不是獲勝的先決條件，必須要能適當分配三項運動需要的體能與耐力，才能順利完成整場比賽。也因此，對參加者來說，獲勝不是重點，重點是如何分配體力並堅持下去，只要一次比一次進步，就能擁有比獲勝更高的成就感。

對學佛的人來說也是，發心念完一百零八遍心經，不見得真能從中領悟什麼，但是發心之後又能貫徹，便是完成對自己的要求與挑戰，而培養出來的毅力，又能成為下一階段精進的基礎，因此，「行」的動機可能很單純，但完成後的影響卻很深遠，讓人們更有動力親身實踐，形成一種良性循環。

「行」是為了開發無限可能

許多NBA球星都喜歡練些不能應用在實戰的花式技巧，目的很單純，就是希望喜歡的籃球在自己手上擁有更多的變化，但很有趣的是，這些玩票性質的花式技巧，卻常常讓他們開發出自己獨有的招式，因為在樂此不疲的練習過程中，他們掌握到自己肌肉協調的細微動作，揣摩出前所未有的可能性。

別以為這種練習只能用在體能上，在佛理的領會上，更是如此，能有深切的踐行，才能在某個時刻頓然了悟。像是唐代時，有個僧人為了問禪，千里迢迢來到河北找趙州禪師，到達寺院時天色已晚，直到隔天早齋過後，才能向禪師請益，當時他問禪師說：「禪師，請問什麼是禪？」趙州禪師問：「你粥吃了嗎？」僧人回答：「吃過了。」趙州禪師說：「那就洗缽去。」僧人一聽，豁然開朗，歡欣地向禪師拜謝。

生活中無不是禪，脫離了日常生活外求，反而容易失去本心，在生活中實踐，才能在一茶一飲中體悟，僧人如果不吃粥、不洗缽，該做的事情不做，只一味地焦急問道，又從何了解，禪法的奧妙正在於生活之中？

菩薩貴行，有所謂的「六度萬行」，這裡的「六度」，指的是布施、持戒、忍辱、精進、禪定、智慧的工夫；這裡的「萬行」，指的是修持的一切行門，也就是說，唯有透過千千萬萬次的踐行，才能讓六度越來越圓滿，這就好比棒球練習，就算是天資聰穎，擁有過人的動態視力，還是得經過無數次的揮棒，才能讓手眼協調，擊中球心。揮棒練習尚且如此，佛理的領悟又何嘗不是如此？

只是行容易，但「深」卻不容易。

在領悟道理的當下，我們很容易因為心生歡喜而踐行，但是時日一久，沒有更大的動力時，我們很難不彈性疲乏，然而一旦須臾懈怠，要再奮起同樣的動力，反而會更艱辛。因此，行「深」的關鍵，在於一念不泯，如果不能保持片刻不離的修持，便不能將佛理沁入靈魂深處，當然也不能證得渡往彼岸的智慧。

因此，「行深」不在於下多大的魄力精修猛進，而是如何用平常心一以貫之，踐行的力度越大，越要以平常心看待，因此，別小看這簡簡單單的兩個字，它可是承先啟後，修成正覺的重要關鍵呢！

◇人間淨思：

別人不做你來做，別人鬆懈你不懈；
他日功成，會發現行深都只是磨練。

在外頭做事，難免有不合理的要求與對待，許多人會任性地來一句：「老子不幹了。」然後拍拍屁股走人，然而，這麼做真的維護了自尊嗎？丟下爛攤子又從中得到了什麼？重點是逞一時之快之後，會不會悔不當初？

古人說：「忍人所不能忍，為人所不能為。」重點不在於隱忍，而是磨練，想想，哪個能力不是千錘百鍊而來？就算是鋼琴，又何嘗不是經歷無數枯燥的練習？因此，透過行深，潛心以對，只要能體察出道理，你當然能在水到渠成時一飛沖天，成為人人欣羨的人生勝利組。

Track 006

◇文本：

【照見五蘊皆空。度一切苦厄。】

◇中譯：

洞察出形體、感受、思想、行為和意識等五蘊都是虛無的狀態，因而能將一切困厄苦難置之度外。

◇解析：

深切修行心經的道理之後，菩薩看穿一切事物本質都是虛無，但令我們好奇的是，世間萬物我們都能用眼睛看、用耳朵聽、用雙手觸摸，為什麼菩薩卻說這一切都是虛無呢？

要解決這個問題，得先從本質與表象的相對來說起。同樣是室溫攝氏十度的水，盛夏時覺得沁涼，寒冬時感覺溫熱，水的溫度並沒有改變，但感受卻截然不同，這代表世間的一切雖有其意義，但相對來說，一定也有一種狀態，對我們來說是完全沒有意義的。

又譬如我們極其愛惜的身體，許多人為了養生，耗費大量心力在裡頭，但如果死亡，軀殼也不再有意義；又如人體五官的感受看似真實，可是也會在一定的情況下失效，像是睡眠時，觸摸皮膚會引發本能反應，可是五官中的嗅覺卻會完全失去作用；再以時間來看，因為去了就不復返，沒有人不珍惜時間，可是當我們專注或神往於某一事物時，卻對時間的流逝無感；此外，時間也會隨著感受的不同而有長有短，像是焦慮的時候時間特別漫長，但快樂的時光卻如此匆匆。

古人很早就體察出世間的相對，像是北宋大文豪蘇東坡就曾在〈前赤壁賦〉中這麼說：「自其變者而觀之，則天地曾不能以一瞬。自其不變者而觀之，則物與我皆無盡也。」意思就是從變動的角度來看，天地萬物每一瞬間都在改變；但是如果從不變的角度來看，那萬物人我的歲月都是沒有盡頭的。這，不也是佛菩薩所開示，萬物看似真實其實皆空的一種相對？

西藏的藏民們，一生都會到布達拉宮朝聖一次，他們說不定什麼時候出發，也說不定在多遙遠的地方，只要他們起心動念，就是他們前往的時機。而他們朝聖的儀式是三拜一叩，每前進三步便四體匍匐，雙手前伸，額頭觸地，磕一長頭，然後再爬起來前進，重複同樣的動作，中間無論是遭到強盜洗劫，又或者是風雨交加，他們都不怨天，不尤人，即便是因此病死、餓死，他們也必然是在堅持完成朝聖的儀式中死去。

為什麼這些藏民能不怨尤？那是因為他們認為朝聖所遇到的一切苦難，都是累世未消的罪業，途中遭遇的苦難越多，代表該洗清的不堪越多，所以他們在朝聖的路上，只有堅持或不堅持，沒有所謂的艱難險巇，完成了固然可喜，無法完成也不因此恚怒。

認真說來，「朝聖」這個儀式對智慧的開悟是沒有意義的，但這樣單純相信所帶來的行深，卻對五蘊的照見有著決定性的影響，想想，如果我們能心平氣和面對一切困頓，不把苦難當苦難，又怎麼會困惑其中、掙扎不已？因此，朝聖的苦難不是阻力，而是助力，透過困厄，能幫助我們向著靈魂更高層次的洗滌邁進，所以「度一切苦厄」，並非真的能「躲」掉一切苦厄，而是能夠觀照內心得到智慧，不把苦厄當苦厄，那當然可以把世人認知中的苦難，置於度外。

於是，「行深」是動力，「照見」是結果，「度」則是成果，你會不會因為能「度一切苦厄」，心生歡喜來聆聽佛菩薩開示的道理呢？

◇人間淨思：

不把困難當困難，誰能讓你覺得困難？怕是先入為主畫地自限，那才真困難。

打從呱呱墜地起，我們便無時無刻不受先入為主的觀念影響，有爸媽告訴的該與不該，有師長告誡的好與不好，也有同學告知的能與不能，有些固然能幫助我們少走許多冤枉路，但有些卻成為桎梏，使我們畏懼不前。

古人說：「明知其不可為而為之。」難的不是立定勇往直前的魄力，難的是破除既有的畫地自限，想想，如果不預設立場，何事不可為？誰說中文系畢業不能教歷史？誰說念理工不能寫小說？如果不畫地自限，這世界誰說不是充滿無限可能？德國九十一歲的老奶奶尚且能表演體操、技驚四座，你又有什麼樣的困難不能向前邁進？

Track 007

◇文本：【舍利子。】

◇中譯：舍利子呀！這是佛陀對學生舍利子如是說。

◇解析：

叫喚名字，只是一個辨識的名相，但叫喚名字背後的起心動念，才是真正需要注意的地方。

不同的稱謂，有不同的意涵，譬如說叫我「陳老師」的人，有可能是出於尊敬，也有可能是久仰大名，但這些人跟我可能不怎麼熟悉；如果稱我為「啟鵬老師」，那可就不一樣了，也許是應屆的學生家長，也許是補習班的導師，這些人都跟我有些連結，才會有比「陳老師」多一層的熟稔；如果是稱我為kibom老師的人，那就更不一樣了，不是超喜歡我課的學生，就是常聽孩子轉述上課情形的家長，這些家長因為常聽孩子叫 kibom 老師，才不知不覺被同化，所以當我聽到有人叫我 kibom 老師時，總是倍感親切；但儘管如此，仍比不上直接叫我「啟鵬」的人，這些人不是親朋好友，就是相識多年。因此，佛陀直接呼喚弟子舍利子之名，代表的便是無比的熟稔。

舍利子是釋迦牟尼佛的十大弟子之一舍利弗，號稱「智慧第一」，但即使智慧領先群倫，依舊不能明白觀世音菩薩修持心經的法門，所以佛陀呼喚舍利子之名，意味著連舍利弗都要好好聽講了，更別說其他弟子。因此，講解之前的切切呼喚，意味著接下來的話語無比重要，所以呼喚名字本身不是重點，重點是背後的千叮萬囑。

為什麼要千叮萬囑？那是因為佛陀知道學生只要過得了這關，就會從佛子頓悟成佛，能有如此巨大的改變，又有哪個老師會不抱予熱切的期待？因此，心經中這看似可以省略的一句叫喚，其實是一個重要的提示：連智慧第一的舍利弗都得打起十二萬分的注意，更何況其他懵懂癡愚的芸芸眾生呢？

值得一提的是，舍利弗在《法華經》中將會經歷無數劫後成佛，佛號為華光如來，於是部分心經翻譯時會直接翻成舍利佛，然而我認為，此時的舍利子，是尚未開悟的狀態，不須特別將日後的成就強加於聽法之初，因此我認為，玄奘法師在翻譯心經時，不寫舍利弗而寫下舍利子，其實是很具深意的，除了揭示此時的舍利弗尚未開悟，也有以舍利弗作為模範的意味，因為如果當初尚未開悟的舍利子都能聽了心經而有所領會，你我又如何不行？只要好好體會心經裡的每一字精華，就能像舍利弗一樣，從行深到照見，從未悟到開悟。

於是，別把心經視為高高在上的經典，而忽略了佛陀灌注在其中的慈愛，他的說法，是帶著對眾生的殷切而來，期待我們青出於藍而勝於藍，因此，我們可以把自己代入心經中，把佛陀對舍利子的叫喚，代換成對你我的叫喚，這樣子，身懷佛性無限可能的你我，又如何能不收攝心神，好好聆聽接下來的道理？

◇人間淨思：

太過於用力，也許讓人感到別有用心；

在不經意處用心，就能讓人感受真心。

生活中，難免會遇到過份殷勤的人，由於殷切的背後別有用心，使他們的殷勤抹上陰影，這也是我們常常對別人的殷切敬謝不敏的原因。

真心的推薦，會有讓人感受舒服的殷切，會有為人著想的溫暖，所以不用太過殷勤，只要在不經意處展現淺淺淡淡的真心，對方就會感受你的真誠，從而更願接受你所說的一切，何妨試試看？

Track 008

◇文本：

【色不異空。空不異色。色即是空。空即是色。】

◇中譯：

形體在沒有聚合之前，跟虛無沒有兩樣，一旦條件聚合，虛無也跟形體沒有兩樣；反過來說，形體既然來自虛無，一旦條件聚合，形體就等於虛無，而虛無既然能形成形體，虛無當然也等於形體。

◇解析：

能夠度一切苦厄的「照見五蘊皆空」，到底是什麼樣的境界呢？佛陀先以生命寄存的身體為例，幫助我們了解形體之所以存在，是一種短暫聚合的假象。

我們這個身體，看得到、摸得著，行走跳躍，無所不能，吃下美食，還會產生無比的滿足，可是這個身體到底由什麼所構成的呢？也許有人會回答「細胞」，然而，細胞也不是單獨的存在，吃下食物才能維持細胞運作，那食物算不算構成細胞的一部份？此外，細胞裡有百分之七十是水，那水算不算構成細胞的一部份？當然也算。

再進一步來看，這些所構成的人體能保持恆溫，但如果沒有保暖的衣物，便會散盡體溫而死，那衣服算不算維持人體運作的一部份？天氣太熱了的話，人體會中暑或熱衰竭，此時能帶走熱氣大自然的風，算不算維持人體的一部份？於是，我們驚奇地發現，「細胞構成身體」只是基本組成，還要有更多條件聚合，才能維持機能不墜。

再換個角度來看，如果眼睛能無限縮小，所看到的一切必然是完全迥異的模樣，因為所有的物質都是由極微小的原子所組成，而原子和原子之間，則是透過看不見的拉力互相牽引，如果眼睛縮小比原子還小，會不會覺得人體只是一大堆原子堆疊而成的原子塔而已？而現代科學進一步探測，原子也不是最微小的存在，而是構成原子間拉力看不見的能量，而這種物質以能量狀態存在的學說，就是所謂的「量子力學」。

量子力學不僅能顛覆我們對原子的認知，也跟中國的地理風水之說有關。我們都聽過，唐代武則天為了尋找下葬的風水寶地，曾派當時很有名的算命大師袁天罡和李淳風，去尋找龍穴，兩人分別沿著山脈與河川各自出發，最後各自找到的地方，居然不謀而合，只是這種風水地理之術除了算命大師之外，沒人能掌握其中奧祕。

不過，這些很玄的地理風水之說，卻被量子力學破解了。西元2015年時，荷蘭學者在國際權威科學雜誌《自然》上，公布了量子力學的研究成果，他們提出一種特別的現象，叫做「量子糾纏」，這種現象是不論兩個粒子間距離多遠，一個粒子的變化都會影響另一個粒子，也就是說，任意兩個粒子可以突破距離的限制，彼此相互影響，而這一點，正好可以解釋風水地理的真實存在，因為這些能與人體能量相互作用的地脈，不是不存在，只是我們看不到而已，一旦能掌握其中規律，就能用地脈能量具體強化人體能量，產生所謂的運勢。

依此類推，卜算命運的易經八卦也不玄，就是一種人體與周遭量子糾纏的變化規律法則而已，但古人是怎麼發現這種法則的呢？有人說是更高明星體的外星人傳授，也有人說是人類從大自然心領神會的結果，但可以肯定的是，古代的玄學一點都不玄，只是古人知其然卻不知其所以然，只能以卜卦、算命等形式，將其中的變化規律沿傳下來。

我相信，當年佛陀悟道後隨即掌握量子力學中能量構成物質的原理，但卻無法用當代的語言來說明，因為那時候的科學水平，連「能量」這個概念都很難描述了，又如何具體陳述其奧妙？於是佛陀只能用最粗淺的文字「色」與「空」，來解釋兩者之間的關係，於是我們也可以想像，當佛陀發現一切物質都是由能量所組成的那一剎那，一定是啼笑皆非吧？因為形體都不形體了。

反過來說，形體既然源自虛無的條件聚合，其本質無論是聚合前後都一無二致，我們拿最簡單的料理來看好了，蔬菜經過料理後成為一道菜餚，料理之前是菜，料理之後也是菜，這就是「色即是空，空即是色」；料理前後只多了一個烹調的動作，在本質上，我們並不會因為烹調就將兩者區隔為完全不同的東西，這就是「色不異空，空不異色」，不知道這麼舉例，是否能讓各位心領神會？

因此，所謂的「空」，不只是點出形體來自虛無，更重要的是「解構」，解構我們對身體的認知，也解構我們對物質短暫聚合的迷思，不以生命形體為常住不壞的主體，才能觀照深藏於體內靈魂或佛性的存在，於是，這麼一輪解說下來，你們勘破軀體與物質所形成的「我執」了嗎？

◇人間淨思：

自以為擇善固執，卻常常是剛愎自用；
總要能虛懷若谷，才能真正從善如流。

許多時候，我們會堅持自見，認為是擇善固執，一旦須臾退讓，便什麼也不是了，但其實，許多時候是師心自用的剛愎自用，因為真正的擇善固執，可以取得大多數人認同，可以禁得起時間考驗，而大多數的剛愎自用，都做不到這兩點，只能成為無法接受他人想法的心胸狹隘。

於是，如果你無法分辨自己的堅持是擇善固執還是剛愎自用，那就虛懷若谷吧！接受他人的意見，不代表失去自己的信念，但卻能多一份容納蘊涵的開闊，使見識數以倍計地提升，從剛愎自用昇華為擇善固執。

Track 009

◇文本：【受想行識。亦復如是。】

◇中譯：感受、想法、行為、意識的存在，也都是如此。

◇解析：

從前面對「色不異空」的了解，我們明白身體是由各種條件所聚合，所以解構完身體之後，便可依此類推，進一步解構「受想行識」，這四者加上「色」，就是佛家所說的「五蘊」。佛教對於五蘊有嚴格的定義，真要鑽進去，那又是另外一門大學問，因此我這邊採取最簡單的方法，用字面上的意思去解釋，也就是解構由身體所產生的感受、想法、行為與意識。

從身體衍生的諸般感受，都是緣於外物而來，看了美景會心生歡喜，聞到臭味會感到厭惡，如果缺乏外在條件的影響，喜怒哀樂等感受便無由產生，這也是一種虛無；戀愛也是一樣，男女在談戀愛時，情濃時會想念不已，可是這份想念到底根基何處？是對方的美貌？還是對方的個性？抑或只是自己不願寂寞的恐慌？也許有人會說是源於彼此在一起的美好互動，可是這份互動卻恰是最不可依憑的，因為若是對方情緒不佳而任性使氣，不就破壞了這份美好？多少神仙眷侶走入婚姻之後，旋即因為摩擦否定原有經營的一切？如此看來，這份輕憐蜜愛的感受，是不是不可依憑？

不僅諸般感受是虛無，從感受得到的想法也同樣虛無，元好問在〈摸魚兒〉中提到：「問世間情是何物，直教生死相許。」說的是男女一旦相戀癡情，可以生死相許而在所不惜，看起來無限美好，卻只不過是濃情蜜意時的誓言罷了，一旦情盡緣散，誰還會真的無條件生死相許？於是這份看似情比金堅的諸般想法，也會在一定的情況下，復歸虛無。

再如基於各種想法所產生的行為，看來應該相對自由？因為想怎麼做就怎麼做，別人不能干涉，但真的是如此嗎？在下任何決定之前，你會顧慮別人感受，會考慮是否違法，會擔心是否引人注目，很可能這一秒決定，下一秒打消，如此看來，每個行為背後所謂的自由意志，可曾真的自由？

另外，心理學上有種「無意識行為」，說的是沒有經過主觀分析判斷而做出的本能行為，看起來似乎能脫離大腦的意識掌控，可是也必須經過某些條件驅動，像是無意識抖腳，是源自心情焦慮；課堂上不自覺轉筆，是源自聽課時的大腦高速運轉，如果沒有心情焦慮或大腦運轉等外緣條件，無意識行為也不會產生，於是，不管有意識或無意識行為，也都有既定條件才能成立。

而行為背後的意識，就更不可靠了，我們都以為擁有生命就擁有意識，但意識的運作，也有不受控制的時候，像是睡覺時有所謂的「鬼壓床」，此時意識很清醒，但身體卻怎麼也不能動彈，醫學上稱為「睡眠癱瘓症」，但真的是如此嗎？至少此時意識的運作，就無法真正驅動身體；此外，根據佛洛依德的說法，意識可以分為明意識與潛意識，當潛意識的欲求無法得到滿足時，就會以一種扭曲的形式來呈現，就是作夢，當人們白天承受太多的壓力，潛意識無法負荷時，便表現在夢中，無止盡地逃亡。這代表，不管是明意識或潛意識，都還是要有一定條件成立，才能產生作用。

於是，我們豁然發現，原以為不受物質牽絆的感受、想法、行為、意識，解構之後，都跟形體一樣，必須要有一定條件才能成立，但就算成立，在條件散去後，又會復歸虛無，所以如果人們老是執著於這些條件所產生的短暫假象，那又如何向內觀照出一種更永恆的存在？

值得一提的是，許多人在解「亦復如是」時，會把「色不異空」依此類推，說成「受想行識」也都通通「不異空」，這麼說雖然也不算錯，但這卻會讓人很難體會，下一句「空即是受想行識」的理由，因此我認為，佛陀不講「受想行識，亦復是空」的理由，仍然是著重於「解構」，解構受想行識也跟形體一樣，都是因緣聚合的短暫生滅，也同樣不是常住不壞的存在，不知道這麼解釋，各位是否能體會，佛陀講「受想行識，亦復如是」的理由？

◇人間淨思：

人而好善，福雖未至，禍其遠矣；

人而不好善，禍雖未至，福其遠矣。

古人說：「善有善報，惡有惡報，不是不報，時候未到。」這麼說好像有個超自然的力量在背後獎善罰惡，可是其實所遭遇的一切，都是自己的「心念」所招來，因為如果一直忿忿不平，負面的情緒帶來輕率的行為，當然要承擔後果；就算僥倖躲過，心裡也會擔驚受怕，擔心什麼時候業報會回到自己身上，這就是為什麼「福其遠矣」的原因。

因此，當別人對不起自己時，大氣地說聲算了吧！能將一切紛爭消弭於無形，又何需擔心別人惡意的對待？因此，與人為善，就是善待自己，你又何必耿耿於懷，拿別人的不好來懲罰自己？

Track 010

◇文本：【舍利子。】

◇中譯：**舍利子呀！這是佛陀更進一步對弟子舍利弗如是說。**

◇解析：

在明白「色不異空」的道理之後，佛陀再度叫喚舍利子的名字，提醒接下來要說的道理，是更重要的關鍵。

工匠在傳授徒弟技術時，有所謂的「江湖一點訣」，看起來很複雜的技術，有時只是一個訣竅而已，然而，為什麼師父總是要為難徒弟，要千辛萬苦才能學到呢？不是為了要留一手，而是不經過辛苦的探索過程，就不會珍惜而有所突破。

我們常說「青出於藍而勝於藍」，這樣的成果往往不在於最後學到的技術，而是經歷的種種困難，換言之，結果不重要，過程才重要。可是一般人不明白，總是嫌麻煩，想速成，但快速複製的東西只能照本宣科，欠缺突破的動力，當然不會有神來一筆的創意，因此師父為難徒弟，怕的是徒弟採取自以為速成的旁門左道，而捨棄看似最慢其實最快的玄門正宗，所以古人有一句話說：「欲速則不達。」不是比較慢到，是真的達不到，因為講求速成的結果，是用一輩子也做不到青出於藍而勝於藍。

學任何東西，都有所謂的進程，有些進程可有可無，有些進程則至關緊要，以數學為例，沒有學會加減，就不可能學乘除；不懂以加減乘除解應用題，就不能進階代數解題。因此老師們在講解重要關鍵時，往往會放慢速度，不厭其煩再三叮嚀，就是希望學生能集中注意力，畢其功於一役。所以佛陀為何在心經中兩次提到「舍利子」，都是要讓學生了解何謂「照見五蘊皆空」的重要關鍵，而第二次的呼喚尤為重要，因為佛陀在此講解的苦口婆心上，有著數以倍計的強化程度。

因此，如果你認為自己已經凝聚過了百分之百的專注力，那這一回，就要請你再奮起百分之兩百的注意力，別以為百分之百就是極限，只要不自我設限，人的潛力就會無窮大，那麼，你準備好了嗎？

◇人間淨思：

每一個聽聞，都希望能深化，而不是淺淺帶過；每一個心念，都能因此而堅持，從而心想事成。

生活中常聽到不錯的道理，可是沒多久就放棄了，為什麼？那是因為接受了道理，還得深化到生活中，才能透過浸潤成為生命中的一部份。

一旦沁潤到生命中，道理便成為信念，主宰著每一刻游移的抉擇，於是，當別人猶豫不決時，你老已立定志向勇往邁進，這樣又怎能不心想事成？

Track 011

◇文本：

【是諸法空相。不生不滅。不垢不淨。不增不減。】

◇中譯：

所以構成世間一切現象的法則都不是真的存在，初始的虛無狀態看似因條件聚散而有各種現象，可是其實沒有所謂的生始滅絕，沒有所謂的污垢潔淨，也沒有所謂的增加減少。

◇解析：

透過前面的舉例，我們依序明白了形體、感受、想法、行為、意識都是因緣聚合，但只有這些舉例是如此嗎？佛陀告訴我們，世間萬象都一樣，看似因不同法則而有生滅、垢淨、增減等不同現象，其實宇宙最初生成的狀態，從來就沒有因為這些現象而有所改變。

舉例來說，我們都聽過「能量不滅定律」，能量會以不同的形式存在。當樹枝被火燒成木炭，能量從樹枝變成熱能，樹枝的物質形式是改變了，可是能量卻依舊存在，這就是不生不滅；再如樹枝變成木炭，看來是從可利用的木材變成沒用的木炭了，可是科學家把木炭高溫高壓提煉炭元素，就可以製成人工鑽石，於是沒有所謂的有用或無用，這就是不垢不淨；另外，再以原子的形式來看，構成樹枝的原子並不因成為木炭就消失，它只是從樹枝的原子組合變成是木炭的原子組合，形式看似有所轉換，但其實原子本身並不因此增加或減少，這就是所謂的不增不減。

進一步以靈魂來看，科學家看不到靈魂，便說靈魂不存在，但真的如此嗎？多少人有瀕死經驗，發現自己浮在半空中，看到一個充滿光明的空間，你能說，這些人都在騙人嗎？另外也有不少人有靈魂輪迴的體驗，可以具體描述前世生活的場景，並且說出當事人才知道的祕密，這些體驗，難道不能反襯出靈魂真的存在嗎？於是我們來看靈魂，固然會因生老病死而進出肉體，但從沒因此神形俱滅，只是現代科學儀器無法偵測，如果靈魂就是能量形式的一種，那不也一如佛陀所說，無論形式怎麼轉變，都是不生不滅、不垢不淨、不增不減？

再回過頭來看看地球的生活，地球上的水有所謂的水平衡，無論雨下在哪邊，都會從另一頭平衡回來。然而，人們看到水庫缺水就擔心，看到水庫蓄滿就安心，這些擔心與安心，是否一點意義也沒有？又譬如人們渴望財富，年輕時會用健康換財富，到老了一身病，再用財富換健康，如果能未卜先知，知道取自於健康的財富，最後還是會還給健康，那你是否還會執著，非累積財富不可？

古代不乏文人對世間萬象也抱持豁達態度，像是北宋文人范仲淹在〈岳陽樓記〉中說：「不以物喜，不以己悲。」講的就是不隨是非、得失、毀譽，而改變自己恬淡安適的常態。沒錯，世間的各種現象只會讓我們煩惱執著，唯有回歸原始純淨的自性，才能免除心隨境轉的徬徨，這也就是為什麼佛菩薩在通悟大道時，總是心生歡喜，圓融無礙。

禪宗的六祖慧能曾寫下「身非菩提樹，明鏡亦非台」的佛偈，正是因為形體與明鏡，都只是一時條件聚合所形成的假象而已，並非實質恆常的存在；所以佛陀說「諸法空相」，正是要告訴我們，不只是形體，受想行識所感知的一切，通通都是暫時聚合的假象。於是，勘破了世間萬物的假象之後，我們更能去除分別心，專注於自身佛性的觀照。聰明如你，是否也明白了佛菩薩講「諸法空相」的用意？

◇人間淨思：

生活中的無力，常只是不願突破舒適圈的安逸罷了；痛定思痛以力求改變，再微小也都能有改變的契機。

遇到不如意時，常有人雙手一攤，說：「我也沒辦法啊！」就此因循苟且，得過且過，但其實這都是藉口，因為這樣就不用面對，不用辛苦了。

所以，就算有不可抗拒的限制讓你無力，你依舊有你可以施力的地方。

就從微笑做起吧！只是一個小小的微笑，可以讓你心情昂揚，可以讓人看了心生歡喜，可以讓原本毫無寸進的困境，有些不一樣的氛圍緩緩推進，如果你不相信，何妨試試看？

Track 012

◇文本：

【是故空中無色。無受想行識。無眼耳鼻舌身意。無色聲香味觸法。無眼界。乃至無意識界。】

◇中譯：

所以原本的虛無狀態是沒有形體的，既然沒有形體，當然也沒有感受、思想、行為、意識等作用；既然沒有具體的眼睛、耳朵、鼻子、舌頭、身體等器官，當然也沒有看到、聽到、聞到、嘗到、摸到、念頭等六種感知能力。因此我們可以從眼睛看到的界限消除起，直到消除各種感受意識的界限為止。

◇解析：

佛陀在解釋「照見五蘊皆空」的境界時，先用了物質界的「色不異空」做例子，繼續用非物質的「受想行識」做舉例，然後以此為基礎，擴大到一切現象說「諸法空相」，但這些都還不是總結，真正的總結是這裡的「是故」，因此，如果要問佛陀說法的次第，前面都是舉例，這邊才是要義。

為什麼要在要義之前舉這麼多的例子呢？那是因為這樣的境界超乎人們想像，即使佛陀透過色受想行識類推到「諸法空相」，人們也只能透過經驗體會一部分本質，但如果要掌握其中的精髓，就必須把這些經驗一起打破，一如形容大海，我們對沒見過海的人，會試圖用溪、河、塘、湖去比喻，但無論怎麼比喻，都還是不能窮盡大海全貌，此時最好的方法就是放下所有比喻，直接拿照片來展示，或者到海邊親身經歷；佛陀無法展示他的體驗，所以他試著把比喻放下，從「空」講起，讓我們了解虛無的本質。

只不過，也正因為從「空」講起，讓難度提升了好幾個層次，因為人們就是無法體會什麼叫作空，才需要比喻，不是嗎？所以許多人解到這裡，開始討論起「空」義，說「空」包括了有無相對的「虛空」、實相妙有的「空相」，以及諸法緣起的「性空」等，但佛陀講「空中無色」，並非要我們討論空義，而是要我們體會宇宙因緣會合的虛無，以及原本不假外求的佛性。但是要如何才能讓我們體會呢？佛陀在這裡煞費苦心，用了一個前文都沒有出現過的「無」字，而「無」雖然也有「不」的涵意，但在層次上更高一層，而且涵義也更加多元，因此，我們要解這個「無」字，可以名之曰：「消」，或者用一般人更容易理解的字，曰：「破」。

無色受想行識，就是要我們破除形體的諸般感受，具體的方法，是從色聲香味觸法等六種感受源頭的器官消去做起；想要逐一消去六種器官感受，可以先從眼睛功能的消去做起，但是要做到消除眼睛功能的「無眼界」，又該怎麼做呢？我的方法是「想像」。

想像自己沒有了眼睛，要知道什麼是水，只能靠耳朵聽、靠鼻子聞、靠嘴巴嘗、靠手來撫觸；但如果更進一步，沒有耳朵、沒有鼻子、沒有嘴巴、沒有皮膚該怎麼辦呢？最後就是跳入水中，感受自己無法呼吸的阻滯感吧？即使做到這個地步，都還是用意識去感受，如果連這個意識都能消除，我們是不是就可以真正體察到水在本質上是什麼樣的存在？這就是「無意識界」。

佛陀明白，我們太習慣用這個身體的器官去感受，所以他沒有要我們直接從無意識界做起，而是從我們最習慣的「眼界」做起，先做到無眼界，再來無耳界，無鼻界，逐一把器官功能衍生的感受消除掉，最後到「無意識界」。而「乃至」二字，絕非只是單純地連接而已，它代表一個逐步深入的過程，一個漸次出現的能力與功夫，一如小時候的我們想體會閱讀的樂趣，必是從吸引目光的圖畫開始入手，循序漸進到圖文並茂，再過渡到純文字，然後才有能力從白話小說進階到文言小說。由此看來，佛陀開悟之後，深諳色身的種種限制，才會苦口婆心，循循善誘，希望所有人都能消去形體與感受甚至是一切幻象的虛妄，最後大徹大悟、明心見性。

在所有心經的要義中，讓我卡最久的，莫過於「是故空中無色」這段敘述，因為我也跟一般人一樣，不自覺想要知道「空」是什麼意思，但參考相關解釋之後，發現光是《大品般若經》一書，就把空分為十八空，多年教書經驗告訴我，深入進去不是最好的方法，因為如果我是佛陀，我會直接解答眾生疑難，不會講完所有意思之後才提供正解，模糊了焦點。這種感覺，就好比學生問我「牡丹之愛」的「之」是什麼意思，我會直接提供答案，而不會把「到」、「它」、「的」、「無義」等意思都說過一輪，才說出正確的答案。

不過，既然「空」不是重點，那重點到底在哪裡？因為作為一個總結，佛陀要傳達的一定是真正重要的道理，而非比擬或借喻，於是整段經文沒出現過的「無」給了我很大的啟發。在此之前，佛陀都是用「不」這個字，唯獨在總結，才用了這個「無」字，可見這個字，隱含消除迷障的真意；但有了方法還得要有次第，否則會失之於雜亂，於是「無眼界」浮了出來，而後文的「乃至無意識界」，更證實了我的領會。

值得一提的是，佛陀在心經中用了「乃至」二字，也代表漸次的工夫，佛陀並不要求眾生聽了道理就能成正覺，所以才會由淺入深逐步說法。這讓我想到，許多人在面對「頓悟」與「漸悟」不同的修行法門時，往往是貶漸悟而褒頓悟，認為「不立文字，直指心源」的頓悟，才是真正的心法，但其實聖嚴法師說得好，「頓」、「漸」不過是一體兩面，沒有過去累世漸次累積的小悟，就沒有當下剎那通透的徹悟，所以也有人說，兩者的區別不在修行法門，而是根器利鈍的不同，這一如求學時，老師講解完題目，有人一點就通，有人要反覆思量好久，中間的關鍵，便是過去打下的基礎。所以五祖弘忍禪師要弟子們寫下偈時，大弟子神秀寫下「時時勤拂拭，勿使惹塵埃」，雖然未如六祖慧能「本來無一物，何處惹塵埃」般徹悟，但卻揭示了徹悟之前的基本工夫，而根器駑鈍的我們，又怎能對這個漸次的工夫，大意疏忽？

◇人間淨思：

許多人放眼世界，看來目標遠大；

卻忘了站穩腳步，才是高瞻基礎。

王國維在《人間詞話》中，把「昨夜西風凋敝樹，獨上高樓，望盡天涯路」，定為是成大事業、大學問者的第一境界，說是要立定明確方向與目標，才能登高望遠，看來這話沒有錯，可是如果太過好高鶩遠，不從自己的腳跟立定起，那又何以積跬步，致千里？

所以王國維才會隨即在第二境界說：「衣帶漸寬終不悔，為伊消得人憔悴。」是的，總得要經過漸次憔悴的無悔工夫，才能真正積細流，成江海，所以別忘了登高望遠之時看看自己的腳下，總要腳步紮實，行走的每一步，才能又穩又快。

Track 013

◇文本：

【無無明。亦無無明盡。乃至無老死。亦無老死盡。】

◇中譯：

從消除愚昧無知的狀態做起，及與無知相對人間智慧的極致；直到消除老死的狀態，及與老死相對不老不死的極致。

◇解析：

從「無眼界」做起，是要消除身內的器官感受；從「無無明」做起，是要消除身外的世間法則，佛陀告訴我們，不僅身內可以控制的器官感受應該消除，就連身外看似不可控制的自然法則，也應該消除。因為人一生下來到人間，就是渾噩不明的童蒙狀態，即使我們透過學習逐漸累積智慧，也依舊不能突破自然法則的限制，那就更別說老死，就算再怎麼在醫學上努力，也只能延緩，不能避免，但正因為不能避免，我們更要觀照自性，消除這樣的限制。

然而，有些得天獨厚，或者是累世修行的人，他們帶著前世的福報來到人間，擁有超凡絕俗的睿智，像是東方的孔子，西方的蘇格拉底，這些人算是人間智慧的極限了，可是仍未能真正成正覺，所以連這份睿智的極致也必須消除；再如老死，也有人因緣巧合，服藥鍊氣，得道成仙，但這些能夠脫離老死的仙人，只不過突破自然法則的小小限制而已，並未真正成正覺，因此這等不老不死的極致，當然也必須消除。

有人會問：「每個人生下來都一樣，哪來前世打下的基礎？」別忘了，佛陀承認因果輪迴，正因為有因果輪迴，才要修行以超脫因果輪迴，因此，每一世辛苦的堅持與修行，都不會白費。這可以解釋，同樣是窮苦人家的小孩，為什麼有人可以力爭上游，有人卻會隨波逐流；想想莫札特五歲就能作曲，達文西五歲就能在沙灘上畫肖像，如果不是前世的錘鍊功深，如何能有今世的天賦異稟？

所以，人每一回輪迴到人間，都在補修累世沒做完的功課，而這些功課每多修過一門，就等於完成超脫輪迴的小小門檻，所以有人為什麼沒有子嗣？不是因為天生缺陷，而是在子女的功課上功德圓滿；有人為什麼可以出家？不只是累世修行的福報，還因為家庭和諧修得的功德圓滿。

做完功課的目的，不外乎擺脫人間因果產生的羈絆，正因為過去修行地不夠明徹，才會在這些人間關係上產生我執，要妻子如何如何，要孩子如何如何，甚至要別人如何如何。因此，人間的普世價值不是沒有意義，對佛陀來說，這些普世價值不僅是可以擺脫各種人間迷障的利器，也是一步步修完累世功課的證明，所以悉達多太子在第一時間聽到自己孩子出生時，是大喊：

「羅睺羅誕生了。」羅睺羅是鐐鎖的意思，意思是這個孩子的出生，代表佛陀在人間的功課沒修完，這也是佛陀後來對羅睺羅非常嚴格，得列佛陀十大弟子的原因。

其實，自己最明白，過去的修行到底做到什麼程度？有人知道不執著，可是真的事情臨頭，卻怎麼也放不下，這就是修行不足，所以佛陀要我們觀照行深，就是要檢討過去累世少做了哪些功課？希望能夠好好補修，藉此消除各種羈絆與成見。於是，如果你明白了前世今生輪迴的道理，又怎麼能執著於出世的四大皆空，卻在入世的普世價值上，棄如敝屣？

◇人間淨思：

為善不會得到物質的快樂，那為什麼大家還是要行善？那是人們因為在行善的過程裡，得到超乎物質的快樂。

按照科學的或然率來說，為善為惡得到的善報惡報機率都是一樣的，那為什麼我們還是鼓勵行善呢？那是因為行善可以喚起心靈最真實的感受，可以得到內心無形的安頓。

我們常說施捨，重點在捨而不是施，如果能捨去物質加諸心上的枷鎖，又如何不會如釋重負？所以試著幫助別人看看，就算只是給人好臉色，你也能從別人那邊得到善意的回應。

Track 014

◇文本：

【無苦集滅道。無智亦無得。以無所得故。】

◇中譯：

破除苦集滅道修行法門的執著，也破除從中得到的智慧及境界，這是因為苦集滅道的法門只是過程，得到與否都不重要的緣故。

◇解析：

不僅是身內器官感受與身外自然法則，連無分內外的修行法門，也都必須破除。從這裡可以發現，佛陀不愧是最佳的人生導師，說法極富層次感，不僅是由內而外、由小到大，還能由近而遠，由實轉虛。然而，令我們好奇的是，為什麼佛陀要以苦集滅道做為破除法門執著的代表呢？那是因為，跟佛陀悟道後的初次說法有關。

話說佛陀證道之後，感到佛法甚深微妙，並非世間言語所能傳達，本來不願說法，但在梵天（印度的創世主）的懇請下，佛陀動了慈悲心，特地來到鹿野苑，為當初追隨他的五位比丘說法，而說法的主要內容，就是苦集滅道四聖諦，也是佛陀修成正覺後的首次說法。

佛陀為什麼不願說法呢？那是因為很多道理很難用語言文字來傳達，以縱橫美國籃壇的麥可．喬登為例，他的「空中漫步」，是在拉杆上籃時，利用身體的力量延長滯空時間以做出複雜的動作，儘管我們可以從外表分解他的動作，但卻無法解析他的運勁施力，以及手眼協調等細微動作，這使得他的「空中漫步」成為一種絕活，因為即使有人滯空時間比他久，也做不出像他那樣繁複的動作。

佛陀的悟道也是如此，要跟還沒悟道的人說悟道的境界，還真的蠻難的，但身為老師，就是無法辜負學生殷殷向學的渴望，所以他嘗試用四聖諦來解說。四聖諦的道理簡單說來，就是正視人生是苦的事實，探尋痛苦產生的根源，試圖將痛苦徹底息滅，尋找解脫痛苦的方法。然而，既然苦集滅道是修行法門，那佛陀為什麼要我們破除呢？那是因為人們除了「我執」，還有「法執」，要真的成正覺，就必須連我執含法執一起破除，這一如許多人都會背九九乘法表，但沒有人覺得那不可或缺，因為那只是熟練運算的方法，就算不會這種便捷的公式，也不影響你解題；苦集滅道的法門也是一樣，因為只是通往悟道的修行方法，因此不須執著，因為明心見性以後，這些原本以為重要的過程，通通都不重要。

值得一提的是，在佛陀所說「苦集滅道」的「道諦」中，有兩句大家耳熟能詳的開示，那就是「諸惡莫作、眾善奉行」，而這兩句話還有個很有趣的小故事，跟唐代詩人白居易有關。

話說，白居易擔任杭州太守時，聽到有位鳥窠禪師很有名，就去拜訪他。

這位禪師本來的法號叫道林，但為什麼被稱為鳥窠呢？原來是他雲遊到西湖時，見到北邊秦望山上的老松樹，松枝繁茂，盤屈如蓋，心中很是喜歡，就這麼在樹上住下來了，因為跟鳥兒築巢沒什麼兩樣，所以大家索性叫他「鳥窠禪師」。

鳥窠禪師行為雖怪誕，卻很有智慧，很多人慕名而來，其中也包括白居易。白居易見到禪師對他說：「禪師，你住的地方太危險了。」鳥窠禪師說：「白太守比我更危險。」白居易問：「弟子鎮守山河，哪有什麼危險的？」鳥窠禪師回答：「官位在身，終日忙碌，以致昧了靈性；一個人昧了靈性，哪還不危險？」自居易知道禪師是在點化他，連忙問道：「請問禪師佛法大意？」鳥窠禪師回答說：「諸惡莫作，眾善奉行。」白居易聽了不由得一笑：「這兩句話三歲小孩都知道，也會說。」鳥窠禪師回答說：「三歲小孩雖說得，八十老翁做不得。」白居易一聽就歎服不已，後來經常來找禪師。

沒錯，許多人都知道某些道理，但知道了之後能不能做到，那又是另外一回事，因此觀照之後的行深為什麼如此重要？那便是希望將「知道」化為「體會」，將「知識」變為「智慧」。但請別忘了，佛陀還特別叮嚀，體會後的小小智慧也只是為大徹大悟做準備，要是勘破了「我執」卻執著於「法執」，那一樣達不到最後的化境。

◇人間淨思：

標高自舉，看來是堅持了信念，成就了自己；然一切放下，卻是開闊了胸襟，成全了他人。

生活在這個世間，我們很難避免競爭，就算只想恪盡職守，也難免有人會眼紅，所以愛國詩人屈原終究因讒言遭到流放，而奸臣卻在朝堂裡小人得志，所以當屈原遇到漁父時，才會說：「安能以身之察察，受物之汶汶者乎？」

屈原的話裡有著百折不撓的擇善固執，但漁父的境界，才真正令人動容，他是這麼說的：「聖人不凝滯於物，而能與世推移。」這個與世推移，並非隨波逐流，而是連擇善固執都打破，跳脫世間相應的我執與法執。於是，聰明的你，在看完兩人的主張之後，你會更傾心於何者？

Track 015

◇文本：

【菩提薩埵。依般若波羅蜜多故。心無罣礙。無罣礙故。無有恐怖。遠離顛倒夢想。究竟涅盤。三世諸佛。依般若波羅蜜多故。得阿耨多羅三藐三菩提。】

◇中譯：

觀世音菩薩之所以能成正覺，正是依照心經修行的緣故，因此心中沒有牽掛負擔；由於沒有牽掛負擔的緣故，因此不覺得恐怖，從而能遠離人世的是非顛倒與執迷妄想，達到完全解脫的境界。不只是觀世音菩薩，無論是過去、現在和未來的三世諸佛，都是依照這樣的心法，得到無上正等正覺。

◇解析：

回顧過去參加大考的經驗，雖然知道至關重要，但卻很茫然，不知為誰而戰，為何而戰，這也讓我們平添煩惱；修行也是，芸芸眾生都有共同的疑惑：「如果徹悟，能讓我們得到什麼？」因此，心經這一段內容，不僅是佛陀為我們指點迷津，更是開示未來成就正覺所能達到的種種殊勝。

這種開示看來遙遠，可是一點也不陌生。想想我們求學時，一定曾問過爸媽或老師，考上好高中有什麼好處？考上好大學有什麼好處？他們都會以過來人的心情分析。這種「過來人」的心情，也是佛陀想要告訴芸芸眾生的，因為佛陀也是「過來人」，由此我們也可體會「乘願再來」有多麼地難得，因為沒有一份廣闊無垠的慈愛，又怎會再回到人間現身說法？

成就正覺之後，能勘破事物假象，因此罣礙與恐怖，這是因為人間許多恐懼，都來自於「未知」，譬如說我們為什麼怕死呢？是因為不知道死後的世界是否存在，靈魂在裡頭是否受苦？再又如我們為什麼怕亡靈？因為不明白這種未知的存在，是否不懷好意，是否與死亡畫上等號？如果我們對未來的一切都了然於心，哪還有什麼恐懼？

依此類推，世間之所以會有這麼多罣礙與恐怖，都是因為我們對許多現象進行錯誤的解讀，自己嚇自己。像是有人走夜路，老覺得後面有聲音，越走越快，但聽到後面的聲音也跟著變快，心中更覺得恐怖，拔腿就跑，等到燈光處停下來喘息，才發現聲音來源，來自腳上拖行的紙片。恍然大悟後我們會啞然失笑，可是如果問你之前恐怖的心情是否真實？我想大家都會說「很真實」，這就是因為無知帶來罣礙與恐怖的原因。

而我們把這樣的理解再擴大，如果存在錯誤的認知，執著於世間顛倒的一切，那可是會比無知更可悲的！像是現在有宗教團體強調放生功德，沒搞清楚生態就任意四處亂放生，不僅造成生態浩劫，還讓放生行為商業化，結果原本憐憫眾生的放生，反而成為殘酷的慈悲，這證實單純地懵懂無知，只是一種癡愚，但人世的顛倒錯解，卻是一種罪愆。

遠離顛倒夢想的「夢想」，我翻譯成執迷妄想，那是因為執迷不悟本身就像在作夢，想想我們在夢中可以動作，可以對話，可是那究竟是不是你真正的意志？沒有人知道，唯一能確定的是，那樣的夢境再真實，也都是一種心隨境轉；而人世中的想法與念頭，也像在作夢一樣，做人處事固然會帶來一些想法，但那些想法都是隨著人事而有的應對，你自以為真實，可是其實全都是來自世間幻象的執迷與妄想，如果我們大徹大悟，勘破假象，就能有足夠的智慧，遠離這因緣聚合的人生。

所以佛菩薩告訴我們，只要能成正覺，就能遠離顛倒本性的錯誤認知，以及夢境般的執迷妄想，而我們又怎能不以此自勵，期勉自己達到與佛菩薩同樣的彼岸？

◇人間淨思：

你不肯放手，不是因為自己不夠痛；是你騙自己還不痛，才會不肯放手。

有人執著過去的美好，誓死不願放手，卻沒留意到美好不再，於是自欺欺人，讓彼此關係雪上加霜。

禪師說：「痛了自然會放手。」但有人痛了還是不願放手，為什麼？那是因為他用自欺欺人形成幻象，來麻醉自己說不痛。因此，如果有人戳破你的自欺欺人，請把他當作畢生好友，因為這樣的人，才能讓你長痛不如短痛，好好過你雖痛卻真實的人生。

Track 016

◇文本：

【故知般若波羅蜜多。是大神咒。是大明咒。是無上咒。是無等等咒。能除一切苦。真實不虛。】

◇中譯：

所以知道這部心經，是具不可思議力量的咒語，是能破除一切渾沌不明的咒語，是至高無上的咒語，是無可比擬的咒語，能破除一切苦厄，是再真實不過，毫不虛妄。

◇解析：

「咒」，在佛教又稱為「總持」，所以與其講容易混淆的咒，不如來講總持。所謂的總持，就是「總一切法、持無量義」，從字面上我們就可以明白，咒是一種總持一切法義顛撲不破的語言，所以也稱為「真言」。但令我們好奇的是，為什麼「咒」有如此不可思議的力量呢？

我認為，咒其實是一種能快速幫你回復過去最美好狀態的一種提醒，是會讓你一聽就發出「對，就是這樣沒錯」的讚嘆，它能讓你一心不昧，無論處在什麼樣的紛擾，都能迅速沉靜下來，恢復原本的清明。舉例來說，在我們生命中，有沒有什麼樣的一首歌，是讓你聽了每回都神往，而能沉浸在滿滿美好回憶中？又或者什麼樣的一首詩詞，是讓你百看不厭，每回都能給你不同的啟發？甚至有什麼樣的一幅畫，是讓你愛不釋手，每回都能憾動你的靈魂？沒錯，咒就跟這些詩詞書畫一樣，是可以幫助你快速回到某些狀態，有異曲同工之妙。

於是，再請你把這樣的體驗擴大，如果有一種道理，每回聽了都讓你心生歡喜，都能洗滌心靈、破除迷障，這種道理，會不會讓你無比珍惜？如果會，那你就可以體會，咒為何會被說的如此神奇，那是因為人們只要一念咒，便能在任何情況下沉靜下來，恢復狀態。於是「咒」這個字眼，看來好像很玄幻，其實只是一種媒介，能喚起人們心中的自性，在虛幻不實的人世發揮作用，讓人們牢記要離苦得樂，究竟圓滿。

值得一提的是，我們常以「生老病死」作為痛苦的代名詞，可是你們有沒有發現，這四個字裡沒有「苦」？那是因為，生老病死只是個過程，如果不痛，就不會苦。舉例來說，在醫學上，有種特殊疾病叫「先天性無痛症」，這種病什麼痛覺都沒有，生病了也不痛苦，可是醫生卻對這種病症憂心忡忡，因為無痛代表人體不會本能應變，也不會啟動保護機制，要是病人不小心被燭火燒到手指，也不會本能性收回來，所以這樣的病人沒想像中幸福，反而身上常伴隨一堆病痛與傷口。

沒錯，在特殊情況下，生老病死不一定有痛苦，這樣的小確幸，常常讓人們忘了生老病死其實充滿痛苦；拿這樣的體會用在人世也一樣，人們都喜歡安逸，不願勉強苦修，可是安逸了就會沉淪在有形的快樂中，那又得再面對快樂消失的痛苦，一如吸食毒品，吸的時候很舒暢，吸完之後很空虛，毒癮發作的禁斷症狀則帶來無比的痛苦，如此看來，吸毒哪裡好？於是人間絕大多數的快樂都像吸毒一樣，總是在快樂與痛苦中周而復始。想像一下，愛不釋手的畫作被偷是不是很傷心？不能吟詠詩詞是不是很空虛？沒有旋律可聽是不是很煩躁？這樣人間的快樂又怎麼讓心靈真正平寧？只有閱讀心經，大徹大悟，明白這世間的一切都不須執著，才能真正離苦得樂，心生歡喜。

人生真的很苦！就是因為很苦，才會想要窮盡智慧以圖解脫，如果我們不能逃避它，那就面對它，期待這人間獨有的天賦，能幫我們智慧圓滿。

◇人間淨思：

佛家說煩惱即菩提，是苦難中汲取智慧；試著把困難當考驗，也是種危機成轉機。

每一件事，都有它的一體兩面，當你煩惱於某一層面時，從另一個角度來看，會得到完全不同的答案。所以六祖慧能解釋這句話說：「前念著境即煩惱，後念離境即菩提。」明明一個念頭就可以讓自己將困難化為考驗，那又為什麼要鑽牛角尖，讓自己深陷其中？

因此，這句話最重要的不是煩惱，也不是菩提，重點是「即」，能第一時間轉化心境，當然能在不安中得到平寧，在煩惱中得到菩提。

Track 017

◇文本：

【故說般若波羅蜜多咒。即說咒曰。揭諦揭諦。波羅揭諦。波羅僧揭諦。菩提薩婆訶。】

◇中譯：

所以說心經就是一種密咒，因此，我在這邊要說這個無上的咒：去吧，去吧，去光明的彼岸吧！大家快去彼岸，才能儘早修成正覺。

◇解析：

最後要說的是，單純地相信，就能生出無比的力量。

西方基督教的耶穌說：「信我者，得永生。」說只要成為上帝的信徒，就能得到救贖；觀世音菩薩也在〈妙法蓮華經．普門品〉中對人們說：「一心稱名，觀世音菩薩即時觀其音聲，皆得解脫。」意思是只要眾生念菩薩名號，祂必尋聲救苦。我們會好奇，這些說法是真的嗎？我要告訴各位，古往今來的智者，真有這樣的大智慧與大願力，因為就算是沒有法力的學校老師，也曾說過：「好好聽我的話，你們一定能得到好成績。」這裡的「好好」與「一定」之所以能實現，不是有什麼不可思議的力量，而是來自一份單純地「相信」，信得越虔誠，作用越深遠。

人們形體意志的內在，是清淨無瑕的本性，即使未能明心見性，也能聚集眾多意志產生一定的力量，一如接上電池的燈泡，如果電池內蓄積的電流微弱，能發的光自然有限；但如果蓄積的電流夠大，當然會有足夠的電力發光。所以曾有人問西藏的喇嘛：「是否能讓我發大財？」喇嘛回答他：「有可能，只要聚集五百個修為深厚的喇嘛持續念咒五十年，就可以實現願望。」我相信這話不是隨便說說，因為古語說：「眾志成城。」其實就是這樣的願力體現。

人們在滿身罪業的情況下，為什麼還能得到古往今來智者乘願再來的救贖？就是這份單純相信的力量，讓他們不離不棄，一如學生資質再駑鈍，只要表現出好好聽課的意願，老師無不傾囊相授。因此，「咒」原本只是一種至高無上的道理，但如果你毫無保留相信，它就真的能夠發揮不可思議的力量。

唐朝時有個得道高僧，四處雲遊修行，有一次來到一座山前，看到山中隱隱有紅光乍現，知道此地有得道高人在此修行，於是前往參訪。到了山中，只見紅光從破爛的草棚裡發出來，裡頭住了個老婆婆，老婆婆看到高僧非常開心，連忙倒水款待。

高僧問老婆婆：「這裡還有別人嗎？」老婆婆說：「沒有了，只有我一人。」高僧又問：「那你平常有做什麼修行嗎？」老婆婆回答：「我從小不認識字，不過年輕時有個和尚告訴我可以唸六字大明咒『唵嘛呢叭咪牛』，所以我從此念咒，已經幾十年了。」

高僧一聽老婆婆的發音，就知道她念錯了，於是他悲憫地糾正老婆婆說：「你把吽念錯了，它不念牛，念吽（hong）。」老婆婆聽了很難過，原來自己努力念了這麼多年，居然都是錯的！於是她謝過高僧的指點，收起傷心，用正確的發音重新持咒。

高僧拜別老婆婆後下山，回頭一看，赫然發現山中不再發出紅光，這一刻，他忽然恍然大悟，趕緊回到草棚，對老婆婆說：「我搞錯了，你的發音才正確。」老婆婆一聽，破涕為笑，於是歡欣地用原本錯誤的發音持咒，這回高僧下山一看，草棚裡又發出紅光了。

老婆婆原本的持咒雖然發音錯誤，但因為一心不亂，所以能發出紅光；然而被高僧糾正之後，摻雜了念錯的分別心，心念既亂，虔誠的相信亦動搖，這就是不再發出紅光的原因。這意味著，念咒的音聲只是虛相，內心的觀想才真實，如果你打從心裡真的認同咒有力量，無論什麼樣的形式，都無妨咒發揮它無比的力量。

是以，如果我們實在沒有足夠的根器可以大徹大悟，沒關係，單純相信就好，相信此咒能讓你離苦得樂，相信此咒能讓你明心見性，只要單純相信心經裡所說的一切，那在不遠的未來，你也能修成無上正等正覺。

◇人間淨思：

相信本身就是一種堅定，可以彌補智慧的不足；只要你堅持相信，就能夠毫無疑惑地勇往邁進。

我們常會面對各種難關，有些固然能透過努力解決困境，但也有些是超乎能力範圍，讓我們只能束手無策。

但其實，只要設定一個小小目標，然後相信自己就好，相信自己微不足道的努力能得到上天眷顧，也相信自己永不懈怠的心念能感動天地，然後你

會驚人地發現，一切困境就因此能心想事成。

靜心手抄心經字帖

抄經抄進心，內在得平靜
將負面情緒透過筆尖，平和地釋放出來。

無論自修練習，或是為人祈福，透過抄寫心經，平和地寫出內心安定的力量，在生活忙碌之餘，自省並消除心靈疲勞，在不安中得到平寧，在煩惱中得到菩提。

觀自在菩薩。行深般若波羅蜜多時。照見五蘊皆空。度一切苦厄。舍利子。色不異空。空不異色。色即是空。空即

是色。受想行識。亦
復如是。舍利子。是
諸法空相。不生不
滅。不垢不淨。不增
不減。是故空中無
色。無受想行識。無

眼耳鼻舌身意。無

色聲香味觸法。無

眼界。乃至無意識

界。無無明。亦無無

明盡。乃至無老死。

亦無老死盡。無苦

集滅道。無智亦
無得。以無所得故。菩
提薩埵。依般若波
羅蜜多故。心無罣
礙。無罣礙故。無有
恐怖。遠離顛倒夢

想。究竟涅槃。三世諸佛。依般若波羅蜜多故。得阿耨多羅三藐三菩提。故知般若波羅蜜多。是大神咒。是大明

咒。是無上咒。是無等等咒。能除一切苦。真實不虛。故說般若波羅蜜多咒。即說咒曰。揭諦揭諦。波羅揭諦。波羅僧揭諦。菩提薩婆訶。

觀自在菩薩。行深
般若波羅蜜多時。
照見五蘊皆空。度
一切苦厄。舍利子。
色不異空。空不異
色。色即是空。空即

是色。受想行識。亦
復如是。舍利子。是
諸法空相。不生不
滅。不垢不淨。不增
不減。是故空中無
色。無受想行識。無

眼耳鼻舌身意。無

色聲香味觸法。無

眼界。乃至無意識

界。無無明。亦無無

明盡。乃至無老死。

亦無老死盡。無苦

集滅道。無智亦無
得。以無所得故。菩
提薩埵。依般若波
羅蜜多故。心無罣
礙。無罣礙故。無有
恐怖。遠離顛倒夢

想。究竟涅槃。三世
諸佛。依般若波羅
蜜多故。得阿耨多
羅三藐三菩提。故
知般若波羅蜜多。
是大神咒。是大明

咒。是無上咒。是無
等等咒。能除一切
苦。真實不虛。故說
般若波羅蜜多咒。
即說咒曰。揭諦揭
諦。波羅揭諦。波羅

僧揭諦。菩提薩婆訶。

女孩們，長大吧！現實是殘酷的，所以別再相信童話故事了……

感情不順？ 事業瓶頸？ 找不到自我認同？

拜託！妳的這些問題，

百年前的歷史女A咖們，早就見怪不怪了！

全書超過100個完美成功守則，

點出將近40個使賤的人生哲學，

教妳使壞的生存之道，讓妳賤得優雅、壞得有理，

愛情、職場、人生，面面俱到，人賤人愛！

唯有勇敢當個怪咖，才能改寫歷史、顛覆世界！

神經質，低存在感，愛慕虛榮……
這些缺陷人格，只要用對方法，
反而會比一般人更加成功！

「自卑」、「雙面人」、「神經質」、「孤傲」、「低存在感」、「愛慕虛榮」、「完美主義」、「憨直」、「叛逆」……

讓歷史上9名個性有缺陷的怪人，
用行動來證明原來世上怪咖大有人在，
你的壞性格也能逆轉人生，改變世界！

淨境盡竟在人間 — 心經

在不安中得到平寧，在煩惱中得到菩提。

作　　者　陳啟鵬◎著
顧　　問　曾文旭
總 編 輯　王毓芳
編輯統籌　耿文國、黃璽宇
主　　編　吳靜宜
執行編輯　黃筠婷
美術編輯　王桂芳、張嘉容
行銷企劃　姜怡安
封面設計　阿作
法律顧問　北辰著作權事務所　蕭雄淋律師、嚴裕欽律師

初　　版　2017年10月
出　　版　捷徑文化出版事業有限公司—資料夾文化出版
電　　話　（02）2752-5618
傳　　真　（02）2752-5619
地　　址　106 台北市大安區忠孝東路四段250號11樓-1

定　　價　新台幣300元／港幣100元
產品內容　1書＋ MP3 光碟

總 經 銷　知遠文化事業有限公司
地　　址　222 新北市深坑區北深路3段155巷25號5樓
電　　話　（02）2664-8800
傳　　真　（02）2664-8801

港澳地區總經銷　和平圖書有限公司
地　　址　香港柴灣嘉業街12號百樂門大廈17樓
電　　話　（852）2804-6687
傳　　真　（852）2804-6409

▲本書圖片由 Shutterstock提供。

國家圖書館出版品預行編目資料

淨境盡竟在人間－心經／陳啟鵬著. -- 初版.
-- 臺北市：捷徑文化, 2017.10
面；　公分(通識課：001)
ISBN 978-986-95276-3-7(平裝)

1.般若部

221.45　　106015547